1

Dipl. Psych. Heinrich Obberg

Autogenes Training

Einführung

Grundwissen zur Übung

Das Begleitheft soll Kurs- und Einzelunterweisungen zum AT begleiten, ohne zeitlich- oder literarisch zu überfordern. Wer sich tiefer ins Thema einlesen möchte, der findet Literaturempfehlungen zum Ende des Heftchens. Das vorliegende Heft kann keine fachliche Unterweisung ersetzen, sondern diese nur ergänzen.

Der Autor Heinrich Obberg, Dipl. Psych., geboren am 20.05.1954 in Rees/Niederrhein. Studium der klinischen Psychologie und Philosophie in Saarbrücken und Bochum, lebt in Bochum und Rees; arbeitet als Fachpsychologe für Verhaltenstherapie in eigener Praxis in Hattingen.
Er ist Mitautor im „Smiler" (Liebesgedichte), und Kochbuch „Hattingen kocht mit Schmackes", Verlag hellblau. Mitherausgeber eines Gedichtbands „…den eigenen Himmel gespürt" 2005 mit Eva Reich Hattingen, BOD Verlag. Seit 2004 Herausgeber eines „Begleitheft Autogenes Training" und einer Übungs- CD zum autogenen Training mit dem Pianist und Komponist Lutz Deterra Hattingen. Seit 2017 erschien ein Essay: Kollaterale Wachstumsschäden: Über den Verlust von Zeitwohlstand und Stille in der Beschleunigungs- gesellschaft

Herausg... d Autor
Hei... berg

Bibliografische Informationen der Deutschen National-biliothek: Die Deutsche Nationalbibliothek verzeichnet diese Publikation in der Deutschen Nationalbibliografie; detaillierte bibliografische Daten sind im Internet über http // dnb.dnb.de abrufbar.

Herstellung und Verlag: Books on Demand GmbH, Norderstedt.

2. Auflage 2017

ISBN lautet 9783743192935

Grundwissen zur Einübung

Vorwort

Entspannung ist ein Vorgang oder eine Methode zur Verminderung der körperlichen und seelischen Anspannung zum Abbau von Stress. Das autogene Training (AT) ist ein bewährtes Entspannungsverfahren diese Anspannungen abzubauen (Kap. I.). Die Art und Weise dieses Training in die eigene Lebensweise einzufügen kann verschieden weit aufgefasst und verstanden werden.

Zunächst bemerkt die von Anspannung belastete Person oder dessen Angehörige ein wahrgenommenes Ungleichgewicht in ihrer Lebensweise. Es kann aber auch sein, dass der Hausarzt dazu anrät ein solches Entspannungsverfahren durchzuführen (Kap. II.). Der Entschluss ein Entspannungsverfahren anzuwenden ist jedoch ein „erstes und vorläufiges Packende" für eine vielleicht noch komplexere Problemsituation, die sich in ihrem Leben stellt. Den meisten Kursteilnehmern wird dies meist in den so genannten Anfangsrunden „Was sind meine Erwartungen an den Kurs zum autogenem Training" erst so richtig bewusst. Was hat mich eigentlich soweit ins Ungleichgewicht gebracht? Was sind meine persönlichen Alltags-Stressoren oder was sind meine typischen Stress-Auslöser? Wie kann ich mein persönliches „Stressmodell" erfassen und verstehen. Dann kann AT sogar nachhaltig zu einer Entspannung der Lebenssituation führen.

Es ist nicht völlig falsch bestimmte Störungen, die durch Stressbelastungen ausgelöst werden als Krankheit aufzufassen. Was aber Gesundheit aufrechterhält und wie es manche Menschen schaffen – wie „Stehaufmännchen" - selbst unter schwersten Belastungen gesund zu bleiben, beschreibt die Salutogenese und die Resilienz in Kap. III..

Im Kap. IV wird die praktische Vorbereitung auf das autogene Training im Einzelnen erklärt. Überdies folgt noch in Kap. V. zu jeder der 7 Übungsbereiche eine genaue Einführung und ausführliche Hilfen für Besonderheiten.

Inhaltsverzeichnis

Geschichte des autogenen Trainings

Grundlagen des autogenen Trainings

Allgemeines
Über die Wirkung des AT
Was kann AT bewirken?
Was kann AT nicht bewirken?

Was ist Stress?

Was ist positiver und negativer Stress?

Das Kognitive Stress Modell nach Lazarus

Mein eigenes Stress Modell

Aufrechterhaltung von Stress und
Entstehung von Störungen

Grundwissen zur Einübung

Kausalumkehr: Die Welt auf den Kopf
gestellt.

Die gute Nachricht lautet: „Fast alles ist erlernbar".

Alltagsstress im autonomen Nervensystem.
Hilfestellung durch autogenes Training

Salutogenese

Resilienz

Salutogenese und Resilienz im AT

Übungshaltungen
Übungshaltung im nicht angelehnten Sitzen
Übungshaltung im angelehnten Sitzen
Übungshaltung im Liegen
Die Rücknahme einer Übung
Über den Ort der Ruhe
Wie oft sollten Sie üben?

Grundwissen zur Einübung   Seite 7

Ruhe bringt Gleichgewicht

und **Leichtigkeit.**

Gleichgewicht

und Leichtigkeit bringt

inneren Frieden und

Gelassenheit.

Tschuang-tse

I. Einleitung

Dieses Begleitheft soll ihnen "*Ihren Weg*" in das autogene Training (AT) erleichtern und sie durch den Grundkurs führen.

Sollte ihnen zu Hause zu einer im Kurs erlernten Übung einmal eine Frage einfallen, so können sie hier in Ruhe nachlesen und die entsprechende Übung mit einem sicherem Gefühl alleine trainieren.

In diesem Heft werden Ihnen neben allgemeinen Grundinformationen zum autogenen Training alle Übungen in allen Einzelheiten erklärt. Neben den Übungsformel die zur Entspannung führen, werden individuelle Alternativen und Hilfestellungen angeboten, die ihnen den Übungsverlauf wesentlich erleichtern.

Eine andere Möglichkeit dieses Büchlein zu gebrauchen ist die, dass sie alte Erfahrungen aus einem Grundkurs zum AT wieder auffrischen wollen, wenn ihre Erinnerungen also etwas verblasst sind.

Das Heft ist ausdrücklich zur Begleitung eines durch Ärzte/Innen oder Psychologen/Innen mit Zusatzausbildung anleiteten AT-Kurses gedacht und kein Kursersatz!

Ein Selbststudium ohne fachliche Anleitung ist gefährlich, da alle AT-Übungen echte Eingriffe in das autonome Nervensystem darstellen!

Wenn sie ganz alleine üben, fehlt Ihnen nicht nur die Kontrolle der Einzelübungen durch einen erfahrenen Trainer sondern auch der wichtige soziale Erfahrungsaustausch in der Gruppe. Ich habe in vielen Kursen zum autogenen Training beobachtet, dass es für die Teilnehmer/innen immer eine gute Erfahrung war, zu bemerken, *"ich stehe mit meinem Problem hier nicht allein da ..."*!

Es ist möglich, dass sie Abweichungen von der klassischen AT Anwendungsform nach SCHULTZ finden. In diesem Heft ist z.B. eine 7. Schulterübung zu finden. Alle angeführten Übungen und Hilfestellungen können jedoch auf eine langjährige Praxis verweisen und sind zum Teil durch Erfahrungen und Anregungen der Teilnehmer/innen erarbeitet worden.

Die Geschichte des Autogenen Trainings (AT).

Der Neurologe Prof. Dr. Dr. hc. Johannes Heinrich Schultz hat die Entspannungs-methode des autogenen Trainings vor etwa einem Jahrhundert auf der Grundlage der Hypnose entwickelt (SCHULTZ, 1908, 1924).
Methoden zur Entspannung sind jedoch viel älter: bereits vor über 1000 Jahren gab es in den asiatischen Hochkulturen Priesterärzte, die Methoden zur Entspan-nung und Selbstbeeinflussung nutzten. Interessanterweise waren diese Techniken damals untrennbar mit der Religion und Lebenseinstellung verwoben. Die Medita-tion und Yogalehre sind hierfür nur einige Beispiele (vgl. R. FALLER, 1981). Auch im europäischen Kulturraum gab es einige Religionen, die das "meditative Gebet" als entspannende tiefe Besinnung auf das Leben verstanden. Dieses *positive* Verständnis von Religion wird jedoch heute leider selten herausgestellt.

Eine andere geschichtlich frühe Quelle des autogenen Trainings geht auf die Anfänge der Hypnose zurück. Wenngleich der Erfinder der Hypnose F. A. MESMER (1734-1815) von seinen ärztlichen Zeitgenossen als Quacksalber verspottet wurde, gewann die Erforschung der Hypnose in Laufe der Jahre an Ansehen. In seinen Studienjahren am Frankfurter Paul-Ehrlich-Institut lernte auch J. H. SCHULTZ die Methode der Hypnose kennen und schätzen. Sein starkes Interesse für die Hypnose inspirierte SCHULTZ so sehr, dass er sich auch weiterhin mit diesem Gebiet der Psychotherapie beschäftigte und schließlich eine eigene Methode entwickelte, die bis heute unter dem Namen *autogenes Training* bekannt ist. Heute ist das autogene Training durch weit über 2000 wissenschaftliche Arbeiten auf seine Wirksamkeit geprüft und wird von Millionen Menschen auf der ganzen Welt mit großem Erfolg praktiziert.

Grundlagen des autogenen Trainings

Allgemeines

Das autogene Training ist eine sehr gute Methode zur *Muskelentspannung, Schmerzbehandlung, Leistungssteigerung und Selbstbestimmung* durch seelische Mittel. AT ist unter fachlicher Anleitung für Personen mit entsprechender Indikation (Heilanzeige) gut erlernbar. Fragen, ob AT für sie gut ist, können sie mit ihrem Hausarzt oder mit ihrem Kursleiter besprechen. Eine Teilnahmeeinschränkung bei Personen höheren Alters gibt es nicht. Das autogene Training wird also unter fachlicher Anleitung erlernt und durch regelmäßiges Training selbst vertieft. Im folgenden Abschnitt werde ich den Spuren der Namensgebung "autogenes Training" nachgehen. *Das Wort "AUTOGEN" kommt aus dem Griechischen und heißt so viel wie "selbsttätig" oder "selbstwirkend" (vgl.: DTV Lexikon).* SCHULTZ definierte autogenes Training als die vom Teilnehmer selbstständig durchgeführte Umstellung der Körperfunktionen, die sonst einer automatischen Funktion unterliegen. Das

AT war für ihn die gefahrlose Autosuggestion (d.h. Selbstbeeinflussung) der eigenen Person. Um Verwechselungen zur Hypnose zu vermeiden spricht SCHULTZ später von konzentrativen Vorgängen bzw. "konzentrativer Selbstentspannung".
Anders ausgedrückt heißt das, dass *sie und nicht der Stress ihrer Umgebung* die Beeinflussung ihrer natürlichen Körperfunktionen übernehmen soll. Durch autogenes Training können sie lernen, körperliche Spannung und Entspannung selbst zu kontrollieren.

Über die Wirkung des AT

Die entspannende Wirkung des autogenen Trainings wird über die wiederholte Vorstellung von speziellen Übungsformeln erzielt. Dieser Vorgang bewirkt in eine Veränderung des vegetativen- bzw. nicht willentlich steuerbaren Nervensystems. Das vegetative Nervensystem wird durch AT-Übungen so beeinflusst, dass es gewissermaßen "ausgewogene Nervensignale" an die einzelnen Organ Systeme "sendet". Zur ganzheitlichen Körperentspannung des autogenen Trainings wird gleichzeitig eine Verminderung der anregenden Hormone, eine Erweiterung verengter Blutgefäße und ein ruhigeres Arbeiten des Herzens erreicht. Es kommt zu einer entspannenden und wohltuenden Gesamtreaktion des Körpers. Der Ausgangszustand der erhöhten Erregbarkeit des Körpers geht bei AT-Übung in einen entspannten "Normaltonus" über. Aus diesem Grund wird oft von "UMSCHALTUNG" auf Ruhe gesprochen.

Das folgende Beispiel soll nochmals verdeutlichen, wie man durch die Kraft einer lebhaften Vorstellung eine gezielte körperliche Veränderung bewirken kann.

Wenn sie sich beispielsweise vorstellen, "*Sie liegen entspannt in einer angenehm warmen Badewanne*" oder "*an einem angenehm warmen Sandstrand im Süden*", so kann ihnen auch ohne Bad oder Strand dieses angenehme Körpergefühl zuteil werden. Je lebhafter ihre innere mentale Vorstellung dabei ist, umso besser gelingt ihnen die Übung. Vielleicht werden sie etwas skeptisch sein, ob sie auch alle ihre Ziele mit AT erreichen können:

Was kann AT bewirken?

- Erholung , Ruhe und Gelassenheit
- Selbstberuhigung
- Selbstkontrolle
- Schmerzabstellung
- Leistungssteigerung
- Selbstbestimmung

Was kann AT nicht bewirken?

Eine Psychotherapie ersetzen.
Gefühle verdrängen.
Die Zeit zur Erholung ersetzen!

II. Was ist Stress?

Der Mediziner Hans Selye definierte schon 1936 den Begriff *Stress* aus der Physik. Er beschrieb Stress als eine „unspezifische Reaktion des Körpers auf jegliche Anforderung" oder genauer als „psychische und physiologische Reaktion eines Menschen oder auch eines Tieres" auf Belastung. Stress wird demnach hervor-gerufen durch spezifische äußere Reize, die sogenannten Stressoren.

Stress hat für alle Lebewesen „eine evolutive Wirkung" Belastungen besser ertragen zu können (vgl. Wikipedia, 2012). Durch eine so entstandene Stresstoleranz können sich Lebewesen verbessert an ihre Umgebungsbedingungen anpassen bzw. adaptieren. Dies war ein wichtiger Selektionsvorteil bei der Artenbildung.

Was ist positiver und negativer Stress?

Selye nannte den **positiven Stress EU-Stress**: Zum Beispiel langfristig eine psychische und physische Funktionsfähigkeit für sportliche Herausforderungen zu bewältigen. Unter **negativen sog. Dis-Stress** verstand er hingegen die Ursache für Belastungen, die von Lebewesen nicht beeinflusst werden können: zum Beispiel können ungewollte Forderungen und Konflikte zu Überforderungen führen. Es besteht also zwischen den Zielen und den zur Verfügung stehenden Möglichkeiten eine Diskrepanz.

Modernere Definitionen des Stressbegriffs beschreiben ihn als „subjektiv intensiv unangenehmer Spannungszustand, der aus der Befürchtung entsteht, dass eine stark aversive, zeitlich nahe, relativ lang andauernde Situation sehr wahrscheinlich nicht vollständig kontrollierbar ist, deren Vermeidung subjektiv wichtig erscheint". Wichtig herauszustellen ist vielleicht, dass Stressoren nicht objektive Größen sind, sondern eine **subjektive Konstruktion in der Bewertung** haben.

Wir sind

was wir **fühlen**

und denken.

Thich Nhat Hanh

Das Kognitive Stress Modell n. Lazarus.

Das Transaktionale oder „kognitive Stress Modell von Lazarus 1974 geht in besonderer Weise auf die „subjektive Bewertung" von auftretenden Stressoren ein und unterteilt diese in drei Stufen:

Primäre Bewertung: Die Situation in der ich stecke nehme ich als *„positiv, irrelevant oder potentiell gefährlich wahr"!*

Sekundäre Bewertung: Ich bewerte in diesem 2. Schritt meine zur Verfügung stehenden Ressourcen als nicht ausreichend und es kommt zur Stressreaktion. Die Diskrepanz zwischen den Anforderungen und meinen Bewältigungsressourcen lassen verschiedene Reaktionen zu:

A: Ich ergreife die Flucht.
B: Ich verschaffe mir das fehlende Wissen oder die fehlende Fähigkeit zur erfolgreichen Bewältigung.
C: Ich mache etwas, um mich und meine Erregung herunter zu fahren (Sport, Entspannung usw.).

D: Ich will die stressige Situation nicht wahrhaben und verleugne die vorliegenden Tatsachen.

Tertiäre Bewertung: Ich bewerte nachdem ich A bis D ausgewählt habe >erneut< meine eigenen Ressourcen. Habe ich mir also zwischenzeitig bestimmte Bewältigungskompetenzen angeeignet, dann fällt das Stresserleben ab. Dies hängt aber im Wesentlichen von der äußeren Bedingung der Stresssituation ab, ob die negativ gefärbten Reaktionen nach-lassen.

Mein eigenes Stress Modell

Es gibt einen stetig wachsenden Markt an Literatur zur Lebenshilfe, der hilfesuchenden Lesern nicht selten falsche Versprechungen macht. Die Aufschrift „Begleitheft zum autogenem Training" weist auf die wichtige Tatsache hin, dass dieses Heft nicht mehr als ein „Begleiter" zum fachlich angeleiteten Grundkurs sein will. Es ist aber bei richtiger Einordnung ein gutes Hilfswerkzeug, um Zusammenhänge

zu verstehen, wie sich „mein persönliches Stressmodell" zusammensetzt. Was bedeutet es speziell für mich, die „ach so schöne Theorie" in die Praxis umzusetzen? Selbst bei den einfachsten Fragen an eine Auslösesituation verbergen sich Erkenntnisprobleme im Detail: Nutzen sie die Gelegenheit in der Gruppe um vielleicht eine interessante „Außenwahrnehmung" in Erfahrung zu bringen. Nicht selten werden an ihnen Stärken wahrgenommen, die sie selbst nicht von *außen* sehen konnten. Andererseits äußern die aus ihrer Sicht äußerlich stark wirkenden Personen starke Schwächen, die sie nicht erwartet hätten. Das sog. **S-O-R-C-Modell** ermöglicht eine Analyse des eigenen Stressmodells:
Stellen sie sich die Frage, in welcher

Situation wurde ihr Stress ausgelöst? Was sind die Hauptmerkmale dieser Auslösesituation? *Was sind ihre typischen Auslösesituationen, in denen sie* „rot sehen. bzw. (Dis-) Stress wahrnehmen?
Welche verdeckten Prozesse liefen dabei

in ihrem **O**rganismus ab: Welche speziellen Gedanken wurden durch diese

Auslösesituation in Gang gesetzt? Waren dies beunruhigende s. o. „gefährliche" Gedanken? Diese verdeckt kreisenden Gedanken sog. Kognitionen werden erst durch innere Bewertungen zu „gefährlichen Gedanken und dann zu Stress". Vielleicht kennen sie ihre typischen Stress-Gedanken / typischen Bewertungen?

Welche Verhaltensweisen und **R**eaktionen folgten diesen Gedanken? Ermitteln sie selbst und machen am Stresstatort ein genaues Protokoll dieser Abläufe.

Hier können sie Ihre persönliche Stressentstehung notieren die sie durch Tabelle im Anhang 1 ermittelt haben:

typ. **S**ituation	typ. **O** Kognition	**R** Stress
Übermächtige Leistungserwartung im Beruf & Privat	Ich genüge nicht. Was werden die anderen denken?	Stress und zunehmende Erschöpfung Depression

Aufrechterhaltung von Stress und Entstehung von Störungen. Wie wird meine Stressreaktion aufrechterhalten? Wodurch entstehen psychische und körperliche Störungen? Welche **C**onsequence (Konsequenz) folgt der Stress-Reaktion? Wurde diese Stress-Reaktion Belohnt / Verstärkt? Es können sich kurz- oder langfristig verschiedene Konsequenzen ergeben:

C kurzfristig:
Viele Menschen erleben nach „Leistungsaktivitäten" eine *kurzfristige Befriedigung* („alles ist sauber und glänzt"). Sie bemerken oft nicht, wie dieses vermeintliche „Erfolgserlebnis" sie erneut zu dieser noch (verstärkten) übermächtigen Leistung bewegt. Es ist ein „süßes Gift", das sie **kurzfristig** für eine Überforderung bis zur Erschöpfung noch belohnt (verstärkt): Die Überforderung somatisiert – äußert sich in körperlichen Symptomen (z.B. Kopfschmerzen). Positive Erlebnisse (Entspannung in der Natur etc.) gehen durch Leistungsüberforderung verloren. Grübeln über Symptome mit katastrophalen Gedanken

(dysfunktionale Kognitionen) setzen ein. Die langfristigen Konsequenzen aus Überforderung machen hilflos.

C langfristig:
Die Hilflosigkeit nimmt durch ein Zunehmen an Leistungseinbrüchen langfristig zu. Die gewünschten Leistungsergebnisse werden nicht mehr erzielt und das verstärkt nach Lazarus, eine depressive Symptomatik. Das Selbstwertgefühl sinkt mehr und mehr ab.

Bei der Betrachtung der Konsequenzen ist es vielleicht nicht unwichtig zu wissen, dass Stressreaktionen, **die belohnt werden**, demnächst noch häufiger auftreten. Diese **Aufrechterhaltung von Stress** läuft für viele Betroffene oft schleichend/unbemerkt über große Zeiträume ab.

Motive für Leistungsstress sind häufig:
Sie möchten es *allen* recht machen.
Sie wollen gebraucht werden.
Sie können nicht Nein sagen.
Sie wollen *glänzend* da stehen.

> **Viele hören…"wenn sie rot sehen"
> noch lange nicht auf …bis ihnen
> schwarz vor Augen wird".**
>
> ---
>
> **Denn, wo der bewusste Wille
> ungesunde Leistungsansprüche stellt,
> wird die Krankheit ein Anwalt
> gesunder Grenzen.**

Kausalumkehr: Die Welt auf den Kopf gestellt.

Es ist so wunderbar verständlich wenn viele Menschen denken: "Bin ich erst mal die Stressbeschwerden los, kann ich auch wieder gut meine bisherige Arbeit tun"! Hört sich doch sogar noch logisch an, - oder?
Die Frage nach den auslösenden Stressoren, also den Umgebungsbedingungen in meiner Arbeitswelt und meinen inneren Ressourcen – siehe Abschnitt 7 – vergessen viel gerne.
Menschen mit psychosomatischen Störungen stellen gerne die Welt auf den Kopf und vertauschen Ursache und Wirkung

einfach um: Ich muss nur die blöden Symptome wegbekommen, dann kann ich auch wieder weiter arbeiten gehen.
In der psychologischen Praxis sind mir paradoxe Aufträge und Wünsche der Klienten vertraut: z. B. „Bitte helfen sie mir bei dem Problem X Y zu lösen, aber sehen sie ein, dass ich an meinem Verhalten wenig oder nichts ändern kann: „Sie glauben ja gar nicht, was bei uns im Betrieb so los ist…da kann ich noch Sport machen oder …noch eine Entspannungsübung durchführen…die Arzttermine sind schon schwer genug zu erklären"!

Es gibt die geschicktesten Argumentationen die erarbeiteten alternativen Verhaltensweisen *nicht auszuprobieren.* Fast unabhängig von der Intelligenz bauen sich die Klientinnen „nebulöse" Veränderungsmodelle"auf. An seinen starken Schwächen kann sich keiner vorbeimogeln, - und fast alles ist erlernbar.

Die gute Nachricht lautet: „Fast alles ist erlernbar".

Das autogene Training ist eine fast 100 Jahre alte Entspannungsmethode und ist gut erlernbar. Auch Probleme, die sie im eigenen Stressmodell erkannt haben, wurden erlernt! Sie sind also auch veränderbar durchs **Umlernen**!

 Ich erzähle dann immer die Geschichte, von einer Frau die so gerne ihren Lebenstraum verwirklichen wollte mit einem Schiff aufs offene Meer hinaus zu fahren. Sie hatte viel Wissen über Wind und Wetter und war auch schon mit vielen Booten zu See gefahren. Sie kannte ihren Kurs und die eigene Kraft, als sie unter fremder Flagge die Segel gehisst hatte. Aber nun kam der Tag, an dem sie selbst das Schiff befehligen sollte. Ihr Besatzungsteam sollten ihr nun dabei helfen.

Die Worte – die sie zum Team sagen wollte – waren durchdacht und klar, auch ihr Wissen hatte keinerlei Lücken mehr.

Und dann blieben ihr die Worte wie ein Klos im Halse stecken. Ihr Mund war so trocken wie ein Trockendock. Das ganze Projekt drohte zu scheitern.

In den meisten Fällen kann eine Entspannung durch autogenes Training helfen ausreichende – Bewältigungsressourcen (**hinzulernen**) – bereit zu stellen. Wenn diese Hilfemöglichkeit nicht ausreicht, ist nach einer eingehenden Besprechung der Vorgeschichte ggf. ein Psychotherapeut hinzu zu ziehen um die **fehlende Ruhe und Entspannungskompetenz zu erlernen**. Fast alles ist erlernbar.

Alltagsstress im autonomen Nervensystem.

Der moderne Mensch steckt häufig in Stresssituationen im "Alarmzustand" des autonomen Nervensystems.
Der menschliche Organismus wird in einer solchen Gefahrensituation durch einen **bestimmten Nerv** automatisch auf Kampf oder Flucht vorbereitet. Herz-, Atemfrequenz, Blutzucker, Blutgefäße, Magen, Eingeweide, Haut und Gehirn verändern sich schlagartig.
In der frühen Entwicklungsgeschichte der Menschheit hatte der Alarmzustand die

überlebenswichtige Funktion den Menschen aus den bedrohlichen Situationen durch Kampf oder Flucht zu verhelfen. Ein anderer Nerv brachte nach einem Kampf- oder Fluchtereignis alle Organe auf die normale Zustand zurück.

Die bürgerliche Industriegesellschaft kennt zwar keine Bedrohung durch Tiere und vergleichbar selten durch Naturgewalten, löst aber z. B. durch belastend empfundene Berufssituationen den gleichen Alarmzustand aus. Die Folge ist Stress mit allen o. g. körperlichen Veränderungen, an dem der Mensch erkrankt, wenn er nicht die Entspannung erlernt hat, die zuvor durch Kampf oder Flucht erreicht wurde.

Warum aber werden nur bestimmte Menschen an bestimmten Organen betroffen und andere nicht?

Jeder Mensch ist körperlich und psychisch einzigartig. Einige Faktoren der Entwicklung sind durch die Erbanlagen der Eltern festgelegt. Die Umwelt stellt sich für jeden Menschen verschieden dar. Ernährungsgewohnheiten und frühe Krankengeschichten sind unterschiedlich. Es ist verständlich, dass auch ganze Organsysteme verschieden stark oder schwach, also stressanfällig sind oder nicht. Sie können ein schwaches Organsystem mit dem schwächsten Glied in einer Kette vergleichen. Das schwächste Organ in der Kette aller Organe wird zuerst in Mitleidenschaft gezogen, es wird krank. Die Schwächen und Belastbarkeitsgrenzen ihrer Organe im Stress zu kennen und sich entsprechend achtsam zu verhalten, ist für ihre Gesundheit am besten.

Der folgende Abschnitt zeigt Ihnen, wie autogenes Training eine gute Hilfestellung sein kann, auch in einer modernen Leistungsgesellschaft gesund zu leben.

Hilfestellung durch autogenes Training

Autogenes Training bietet ihnen die Möglichkeit sich auf ihrer Arbeitsstelle und insbesondere zu Hause zu entspannen. Um ihre tägliche Übung nicht zu verpassen, übte eine Kursteilnehmerin sogar in ihrem Auto bevor sie die Firma betrat. Bei ausgeschaltetem Motor, versteht sich!

Auch das WC wurde bereits als Ort der Übung in Anspruch genommen. Ich bin immer davon ausgegangen, dass es aus diesem Grund auch stilles Örtchen genannt wird, oder…?

Neben der entspannenden Wirkung leistet AT eine weitere Hilfestellung ihren Lebensalltag zu bewältigen: Sie werden durch zunehmende Körpersensibilität leichter ihre Belastungsgrenzen wahrnehmen. Sie merken, wenn ihre persönliche Leistungsampel von grün auf *gelb unschaltet und können* entsprechend reagieren. Autogenes Training ist ein Angebot, ihren Lebensalltag ganzheitlich gesund zu gestalten. Es liegt bei ihnen, ob sie es wahrnehmen wollen oder nicht.

III. Entmystifizierung der Gesundheit: Eine neue Betrachtungsweise.

Die subjektive Bewertung einen Stressor selbst kontrollieren zu können, wie schon bei Lazarus dargestellt, ist von besonderer Wichtigkeit für die aktive Stressbewältigung für Mensch und Tier.

„Die Fähigkeit, Kontrolle über einen vorliegenden Stressor auszuüben, verhindert vollständig die krankmachende Immunsuppression", die sonst durch den Stress ausgelöst wäre. Die Forschungsgruppe Laudenslager u.a. 1983 belegt, dass durch subjektive Überzeugung einen Stressor kontrollieren zu können, das Maß der Lymphozytenproliferation (Lymphozyten sind die B-Zellen, T-Zellen und die natürlichen Killerzellen; Proliferation: Aufrüstung) positiv verändert wird. Was da heißt: Das Immunsystem beschützt uns mit einer „natürlichen Abwehr des Körpers".

Aaron Antonovsky (1923-1994) beschreibt in der Forschung zur Salutogenese die Komponenten, die zur Entstehung der Gesundheit beitragen. Antonovsky stellt Forschungs-Fragen um und fragt nicht was und krank macht, sondern richtet den Forschungsschwerpunkt darauf, was uns Gesund erhält.

Es drängt sich meines Erachtens wie von selbst der **Zusammenhang zum Autogenen Training** auf, welches „eine gezielte Selbststeuerung des autonomen Nervensystems durch Autosuggestion" ermöglicht. Das sich durch Übungen zum AT die Immunabwehr stärken lässt, also Gesundheit stärken lässt, passt in die salutogenetische Denkweise. Anstatt Krankheit zu bekämpfen, wird die Gesundheit gestärkt.

Salutogenese

Der Autor Aaron Antonovsky beschrieb Salutogenese als aktive Anpassung an die sich stets ändernden Umweltbedingungen und das konstruktive Bewältigen selbst schwerster, belastender Einflüsse (Vortrag Dr. C. Eichenberg Institut für Klinische Psychologie u. Psychotherapie Universität zu Köln). Antonovsky geht es um die Frage, wie Gesundheit entsteht bzw. durch welche Faktoren der Prävention sie bewahrt und unterstützt wird.

Eine Zentrale Komponente dabei ist das **Kohärenzkonzept (Stimmigkeit Zusammenhalt)** „Sense of Coherence" (**SOC**): Diese Disposition ist eine Bewältigungsressource und entwickelt sich weitgehend in den ersten 3 Lebensjahrzehnten eines Menschen. Es ist eine **Art und Weise „in der Welt zu stehen"**, eine bestimmte Form das Leben und die Beziehungen in der Umwelt aufzufassen und Probleme zu bewältigen. Salutogenetisch starke Menschen haben eine konstruktiv-optimistische Orientierung dem Leben gegenüber. Sie verfügen über ein generell überdauerndes und dynamisches Gefühls des Vertrauens, dass die eigene innere u. äußere Umwelt für sie vorhersagbar ist.

Stressbedingte Gesundheitsstörungen werden durch ein hohes Maß an Kohärenz abgefedert und befähigen bei schwierigen Herausforderungen Ressourcen zu mobilisieren. Das Kohärenzkonzept besteht aus **drei Faktoren:**

1. Comprehensibility Verständlichkeit, Verstehbarkeit als kognitiver Faktor.
2. Manageability Steuerbarkeit, Handhabbarkeit als Verhaltenskomponente.
3. Meaningfulness Bedeutsamkeit, Sinnhaftigkeit als emotionale Komponente

Folgende (verkürzte) Fragen stellen sich in seinem SOC **Fragebogen** zur Salutogenese:

- ✓ **ad 1. Verstehbarkeit** z.B.: „Ihr Leben wird in Zukunft wahrscheinlich…." …voller Veränderungen sein, ohne dass Sie wissen was als nächste passiert – ganz beständig und klar sein

- ✓ **ad 2. Handhabbarkeit** z.B. „Denken Sie, dass es immer Menschen geben wird, auf die Sie in Zukunft zählen können?" Sie sind sicher, dass es sie geben wird – Sie bezweifeln, dass es Sie geben wird.

✓ **ad 3. Sinnhaftigkeit** z.B. „Sie erwarten für die Zukunft, dass Ihr eigenes Leben...." ...ohne jeden Sinn u. Zweck sein wird – voller Sinn u. Zweck sein wird.

FORSCHUNG: Surtees et al. untersuchte (2003) 20.000 Menschen mit der SOC Skala und kommt zu folgenden Ergebnissen:

HOHE SOC-WERTE: gehen mit einer 30 % geringeren Mortalität einher unabhängig von Alter, Geschlecht und chronischen Krankheiten; besseren subjektiven Gesundheit, geringeres Auftreten von Körperbeschwerden und somatoformen Störungen;

NIEDRIGE SOC-WERTE: bedeutet eine erhöhtes Risiko an psychisch Kranken (Depressionen, Angststörungen) zu erkranken.

Menschen mit Migrationshintergrund verfügen über eine an der Lebenserfahrung gewachsene Resilienz. Die Bewertung von Druck in belastenden Situationen schildern sie als eine Art von Startrampe zur Lösung: *„Eine belastende Lebenssituation ist ein Zustand von Druck um mich aus einem Problemzustand hinaus, in eine Lösung, zu katapultieren".*

Resilienz

Resilienz, engl. Resilience: Spannkraft, Elastizität oder psychische Widerstandskraft definiert die Fähigkeit mit Belastungen geschickt umgehen zu können ohne sich dabei selbst zu schädigen. Der Autor Walsh (1998) beschreibt Resilienz als Fähigkeit „aus widrigsten Lebensumständen gestärkt und mit größeren Ressourcen ausgestattet als zuvor herauszukommen" Weitere Merkmale sind: Selbstverpflichtung, innere eigenverantwortliche Kontrollüberzeugung, Temperament, gute soziale Fähigkeiten, Akzeptieren von Krisen, Lösungssuche und Vorausplanung, Aktivität statt Opferrolle, und keine eigenen Schuldzuweisungen.

FORSCHUNG: Die Universität Minnesota untersuchte 205 Personen Menschen über einen lange Lebensspanne zur Resilienz und stellte typische Verhaltensmerkmale fest: Bestehen enger Beziehungen zu Erwachsenen, Eltern nahmen erzieherischen Einfluss, Initiative u. Aktivität in unterschiedlichen Lebensbereichen, zahlreiche Freundschaften, Gefühl der Selbstachtung u. Selbstwirksamkeit.

Salutogenese und Resilienz im autogenen Training

Der salutogenetische Zusammenhang zum Autogenen Training liegt zum ersten in der **Verstehbarkeit** dessen, was im – zur Welt gerichteten - beseelten Körper passiert: Die **kognitiven Reaktionen (SOC 1)** werden mit den positiven Übungserfahrungen beständiger und weniger schädlich sein.

Menschen die regelmäßig Übungen zum AT trainieren, werden eine verbesserte **Handhabbarkeit** ihres Lebens erwarten dürfen als gestresste Menschen. Eine „gezielten Entspannung bzw. Selbststeuerung des autonomen Nervensystems" bewirkt eine deutlich Stärkung der **Steuerbarkeit in der Verhaltenskomponente (SOC 2).**

Das sich über Übungen zum AT die Immunabwehr-, also die Gesundheit stärken lässt, erfüllt die Übenden mit **Sinnhaftigkeit und Bedeutsamkeit (Sinn und Zweck)** des Handelns für das eigene Leben.

In meinen 18 Jahren Trainertätigkeit zum AT hat es sich immer wieder durch Teilnehmerberichte bestätigt, dass sich auch die **emotionalen Komponenten (SOC 3)** stärken, was sich im weniger verspannten Gesichtsausdruck der Übenden äußert. Über viele Jahre haben sich immer wieder die Kinder von AT Übenden positiv zum AT geäußert. Es ist bekannt, dass gestresste Eltern durch ihre Kinder als feindseelig wahrgenommen werden. Kinder fühlen sich diesen Eltern gegenüber hilflos und werden in Einzelfällen depressiv.
Psychische Widerstandskraft wird durch Übungen zum autogenen Training im Sinne der salutogenetischen- und Resilienz-Theorie eindeutig gestärkt. Die Fähigkeit

mit Belastungen geschickt umgehen ohne sich dabei selbst zu schädigen nimmt sicherlich zu, da die Ausgewogenheit und Entspannung zur robusten psychischen Stabilität führt.

Wie Walsh **Resilienz** als Fähigkeit zur internalen Kontrollüberzeugung i. S. der Eigenverantwortlichkeit darstellt, trifft im vollen Maße auf das Autogene Training zu. Schon der Name „Autogen" besagt - wie in der Einleitung hinreichend dargestellt - etwas über die Intention des AT. Autogenes Training ist Hilfe zur Selbsthilfe/Selbstkontrolle in Eigenverantwortung.

VI. Praktische Vorbereitungen zum autogenen Training

Übungshaltungen

Für alle Übungshaltungen ist es günstig und erleichternd, bequeme Kleidung zu tragen. Stramme Gürtel, Kragen, Strumpfgummizüge, Schuhe und Uhrarmbänder sollten deshalb gelockert werden.
Damit sie möglichst überall üben können, empfehle ich den Teilnehmern - bis zu 3.

Treffen - zuerst die Übungshaltung im Sitzen zu erlernen. Ein geeigneter Stuhl ist im Büro wie auch bei Freunden zu finden. Der Vorteil zuerst im Sitzen zu üben liegt also darin, dass sie ihre Übungsvorsätze an verschiedenen Orten gleich gut realisieren können. Es ist erfahrungsgemäß wichtig, den Anfangserfolg zu sichern. Die Übungshaltung im Liegen ist danach ein Kinderspiel.

Übungshaltung im nicht angelehnten Sitzen

Die Übungshaltung im Sitzen wurde *Droschkenkutscher-Sitz genannt.* Sie sitzen auf der vorderen Hälfte des Stuhls mit voll aufgestützten Füßen. Bei leicht geöffnetem Knieschenkel beträgt der Kniewinkel ca. 90 Grad. Rumpf und Kopf werden leicht nach vorne gebeugt. Die Hände liegen – ohne sich gegenseitig zu berühren - locker im Schoß, als wenn sie von den Zügeln der Kutsche noch leicht geöffnet wären (vgl. Abb. 1.).

In dieser Haltung haben sie die große Möglichkeit, fast überall ihre Entspannungsübungen durchzuführen.

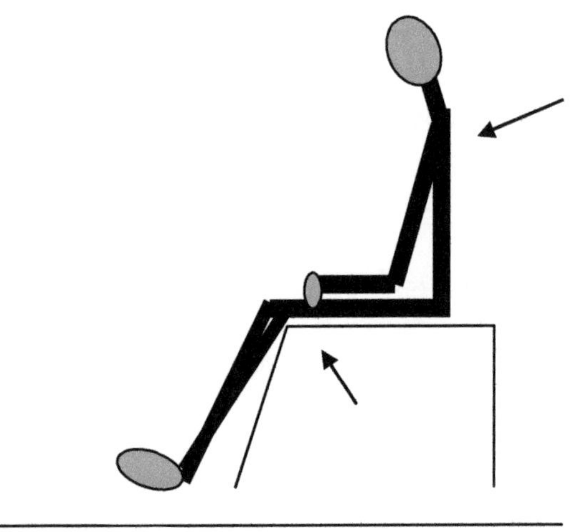

Abb. 1. : Der Droschkenkutschersitz

3. Übungshaltung im angelehntem Sitzen
Der nicht zu weiche Lehnsessel ermöglicht die beste Sitzhaltung. Sie setzen sich bei angelehntem Rumpf auf die gesamte Stuhlfläche. Ihr Kopf steht senkrecht oder ist leicht nach vorne gebeugt. Arme und

Beine stehen wie im Droschkenkutschersitz
(vgl. Abb.2.). Nach Gefühl kann der
Kniewinkel bis 95 Grad betragen.

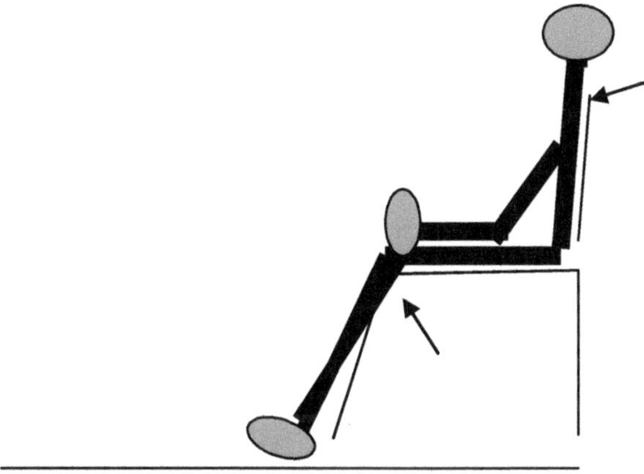

Abb. 2. : Übung im angelehnten Sitzen

Sollte nur ein Stuhl ohne eine geeignete
Rückenlehne verfügbar sein, können sie
ihn an eine Wand schieben.
Teilnehmer/innen mit Beinverletzungen
oder Venenentzündungen, empfehle ich
einen weiteren Stuhl zur Hochlage der
Beine.

Übungshaltung im Liegen

Die Rückenlage auf einer Wolldecke ist die bequemste Übungshaltung überhaupt. In den meisten Fällen ist sie leider nur zu Hause realisierbar. Die Hände liegen bei der Anwendung der Rückenlage leicht angewinkelt neben dem Körper, ohne ihn dabei zu berühren. Die Fußspitzen fallen locker nach rechts und links ab. Nacken und/oder Kopfpartie können nach Bedarf mit einem Kissen unterlegt werden.

Achtung: Weil die Rückenlage sehr bequem ist, können sie leicht einschlafen. Durch eine erhöhte Konzentration auf die Übungsformel können sie dies jedoch verhindern. Wenn sie die Übung gezielt zur Einschlafunterstützung einsetzt, ist eine 15-Minuten-Konzentration ausreichend.

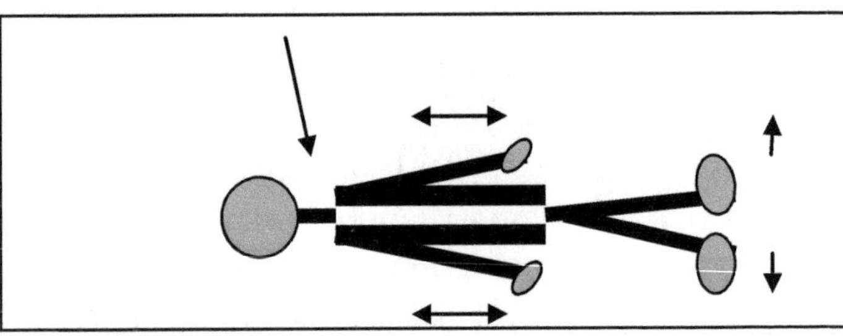

Abb. 3. : Übung im Liegen

Rücknahme der Übung?

Wenn sie sich mit Hilfe des autogenen Trainings von einem Zustand der Wachsamkeit in den Entspannungszustand versetzen, nimmt der Körper wie bereits erklärt automatisch eine Reihe von Veränderungen vor.

Um die "normale Tagesaktivität" ohne körperliche Überforderung zu erreichen, ist eine "RÜCKNAHME" der Übung SEHR WICHTIG, es sei denn, sie wollen gezielt einschlafen.

Zur Rücknahme strecken sie beide Arme gerade aus, ballen die Hände energisch zu Fäusten und beugen die Arme anschließend so, dass die Fäuste fast die Schulter berühren. Atmen sie dabei "hörbar" tief ein und aus und öffnen sie die Augen weit. Wiederholen sie diesen Vorgang mindestens 6-8-mal. Die Gesamtdauer der Rücknahme beträgt ca. 30 Sekunden.

Über den Ort der Ruhe

Die Erfahrung hat gezeigt, dass es günstig ist, sich einen regelrechten ORT DER RUHE in ihrer Wohnung zu suchen. Da ist die Ecke am Kamin oder der Stuhl in der Sonne geradezu ideal. Die Raumbeleuchtung sollte im Idealfall aus natürlichem Licht mit ca. 15-40 Watt nicht zu hell sein.

Haben sie Familie? Dann ist es für diese „wirklich nicht uncool", mit ihnen über ihr Training zu sprechen. Wenn sie ihnen den Sinn ihrer Übung verständlich machen, wird ihre Familie sie meist ohne Störung üben lassen.

Selbst ein/e Firmenchef/in akzeptiert eine solche Bitte, wenn er/sie erfährt, dass ihre Konzentrations- und Leistungsfähigkeit für die Firma durch AT gesteigert wird. Scheuen sie sich also nicht zu fragen und haben sie Mut für sich einzutreten.

Wie oft sollte Ich üben?

Die Stunde ist gekommen, in der sich der Autor unbeliebt macht: Denn "üben sollen sie im Idealfall 3 x täglich" (…mind. aber 2x tägl...!) - je nach Anzahl der Übungen - 5 bis 20 Minuten. Besonders am Anfang ist ein regelmäßiges Training ein wichtiger Garant für ihre Reise *ins Land der Ruhe*.

Die Übungszeiten sollten sie in ihren TAGESABLAUF EINPLANEN, damit sie alle Übungen ohne Mühe erreichen können. In der Regel ist dies auch bei etwas schwereren Übungen nach 8 Wochen möglich.

TIP: Ein kleines (Aufklebe-) Zeichen an ihrem Zahnputzbecher o. ä. könnte als gute Erinnerung dienen, ihre AT-Übung fest in der regelmäßigen Tagesablauf zu integrieren.

VII. Übungsbereiche

Schwereübung
Der Ausgangspunkt der ersten Entspannungsübung zum autogenen Training ist die Bewegungsmuskulatur. Bei der Bewegungsmuskulatur mit der Entspannungsübung zu beginnen hat seinen Grund: Die Bewegungsmuskeln sind uns im alltäglichen Kontakt zur Umwelt (Gehen, Greifen, Sprechen usw.) am meisten vertraut. Erfahrungen haben gezeigt, dass die körperliche Kontrolle der Arme und Beine besonders rasch und einfach gelingt.
Eine weitere Entspannungserleichterung wird dadurch erreicht, dass wir uns

zunächst auf ein einziges Körperglied beschränken. Da die meisten von uns rechtshändig sind, beginnen wir die Entspannung am rechten Arm (nur linkshändige beginnen mit dem linken Arm).

Der Weg des AT zur körperlichen Entspannung verläuft über die psychische Entspannung mittels einer speziell für jeden Körperbereich abgestimmten Übungs-formel.

Zunächst nehmen wir in bequemer Kleidung auf einem Stuhl oder Sessel Platz. Die einzunehmende Übungshaltung habe ich bereits beschrieben. Sie sollte jedoch vor jeder Übung genau überprüft werden. Dann schließen wir langsam die Augen. An dieser Stelle ist es wichtig, einströmende Gedanken ernst zu nehmen und zu Ende zu denken. Ein Versuch sie beiseite zu schieben kann eine Übung stören, oder sogar zur innerlichen Anspannung führen. Nach diesen Vorbe-reitungen schenken wir unserem Körper unsere ganze Achtsamkeit. Die nun folgende RUHEEINSTELLUNG bildet den Rahmen der eigentlichen AT-Übung und wird VOR und NACH einem Übungsabschnitt gestellt. Sie lautet:

"ICH BIN RUHIG UND ENTSPANNT, UND ALLES ANDERE IST VÖLLIG GLEICHGÜLTIG" (1X).

Danach beginnen sie mit der ersten autogenen Trainingsübung, der SCHWEREÜBUNG. Die Formel dazu lautet:

"DER RECHTE (LINKE) ARM IST ANGENEHM SCHWER" (6-8X).

Beendet wird die erste Übung mit der Ruheeinstellung:

"ICH BIN RUHIG UND ENTSPANNT, UND ALLES ANDERE IST VÖLLIG GLEICHGÜLTIG" (1X).

Nach der Ruheeinstellung nehmen wir dann die Übung kräftig zurück (vgl. S.45).

Wenn sie die 1. Formel mit geschlossenen Augen etwa 6-8-mal innerlich monoton wiederholen (ohne die Mundmuskulatur zu bewegen), vollzieht ihr Körper die Muskelentspannung im Arm ganz von alleine. Bei diesem Vorgang ist es von entscheidender Bedeutung, sich die Schwere des rechten Armes möglichst lebhaft vorzustellen. Nach einigen Übungen breitet sich das Schweregefühl automatisch aus, das heißt, die Entspannung generalisiert sich in beide Arme und später in beide Beine. Die Übungsformel wird dann der Entspannungsausbreitung angepasst:

"BEIDE ARME UND BEIDE BEINE SIND ANGENEHM SCHWER"

Vergessen sie nicht mindestens 3mal täglich zu üben, damit sich der Entspannungsverlauf und das gute Körpergefühl tief in ihr Gedächtnis einschleifen. Die aus der Wiederholung resultierende Leichtigkeit der Übungsausführung und das Erfolgsgefühl sich angenehm entspannen zu können ist ein gutes Motivationspolster den "Weg zur ganzheitlichen Gesundheit" ohne Anstrengung gehen und erleben zu wollen.

Achtung: Startprobleme sind normal! Bitte sprechen sie den Kursleiter in der Anfangsrunde an, dafür ist er da!
Hilfestellung zu Schwereübung
Es gibt Teilnehmer, die nach den ersten Übungsversuchen zu Hause nicht SCHWERE sondern eher LEICHTIGKEIT in Armen und Beinen verspüren. In den meisten Fällen verbinden diese Teilnehmer mit dem Wort Schwere etwas SCHWERES. Etwas Unangenehmes stellt sich durch AT aber nicht ein. Aus diesem Grund empfinden sie eine angenehme Leichtigkeit. Die Verwendung einer alternativen Übungsformel hat sich als sehr günstig erwiesen:

"DER RECHTE ARM IST LOCKER UND LEICHT"

Einige Teilnehmer haben es verlernt, lebhafte Vorstellungen der Schwere zu bilden. Erfahrungsgemäß geben die folgenden mentalen Bilder eine gute Hilfestellung:

"Du trägst zwei (schwere) Koffer"
"Du siehst vor Deinem inneren Auge wie meine Hand schwer auf dem Oberschenkel aufliegt"

Die Wärmeübung

Wenn sie starke Gefühle wie Schreck oder Scham empfinden, dann sind Veränderungen der Blutgefäße bzw. Verfärbungen der Haut die Folge: Sie erblassen oder erröten. Eine Erweiterung der Blutgefäße lässt sich aber ebenso durch autogenes Training erreichen und wird durch das Nervensystem reguliert. Die Erhöhung der Gewebeerwärmung beträgt bei gezielter Übung 6-8 Grad Celsius. Die Erwärmung breitet sich wie bei der Schwereübung (durch Generalisierung) aus. Das Ausmaß der Generalisierung ist zwar individuell verschieden, steigert sich aber meist proportional zur Übungsdauer.

Einige Teilnehmer/rinnen bemerken nicht sogleich, dass sie ein Wärmeerlebnis hatten. Sie berichten, es hätte *nur* ein bisschen "gekribbelt", Wärme aber wäre nicht eingetreten.
Leistungserwartungen im autogenen Training sind selbst errichtete Hürden für das Gelingen einer Übung. Sie erzeugen eine Verkrampfung. Lassen sie sich achtsam auf das eigene individuelle "Körper-Erspüren" akzeptierend ein.

Kribbelgefühle in den Gliedmaßen sind im Übrigen sicheren Hinweise für (Kapillar-) Gefäßerweiterungen. Erspüren von Körpergefühlen funktioniert nur ohne Druck und Leistungserwartung. Der Körper muss regelrecht "beseelt" werden: HOFFMANN versteht unter Körperbeseelung "die Entdeckung der psychischen Repräsentanz von Organerlebnissen, die persönliche Vertiefung des Menschen in sein körperliches Ich "(HOFFMANN, 1987). Im Kinofilm mit Robin Williams „Hinter dem Horizont" wird philosophisch genial gefragt wo denn das *Ich*" im Körper zu verorten sei: Danken sie doch mal ihrem „Fuß-Ich" oder ihrem „Ohr-Ich" für *voll korrekte* Dienste. An dieser Stelle sei es ihnen ausdrücklich erlaubt, ihre Lachmuskeln über Psychologen in Bewegung zu setzen,…der will dass ich mit meinem Fuß spreche…ich wusste doch schon immer…! Ok, - ich versuche mit dieser Last zu leben. Die Vorgehensweise bei der Wärmeübung ist der Schwereübung prinzipiell gleich. Nur eine neue Übungsformel kommt zum Gesamtablauf der Übung hinzu:

HALTUNG EINNEHMEN
"ICH BIN RUHIG UND ENTSPANNT, UND ALLES ANDERE IST VÖLLIG GLEICHGÜLTIG" (1X).

"BEIDE ARME UND BEIDE BEINE SIND ANGENEHM SCHWER"(6-8X).

"ICH BIN RUHIG UND ENTSPANNT, UND ALLES ANDERE IST VÖLLIG GLEICHGÜLTIG" (1X).

"BEIDE ARME UND BEIDE BEINE SIND ANGENEHM WARM" (6-8X).

"ICH BIN RUHIG UND ENTSPANNT, UND ALLES ANDERE IST VÖLLIG GLEICHGÜLTIG" (1X).
RÜCKNAHME DER ÜBUNG!!

Wie bei der Schwereübung ist die lebhafte Wärmevorstellung entscheidend für das Gelingen des Wärmeerlebnisses. Nach ca. 2 Wochen ist die Generalisierung auf alle Gliedmaßen bemerkbar. Sind alle Gliedmaßen schwer und warm, ist eine weiter Ausweitung auf den Rumpf zu erwarten.

Die Wärmeübung ist eine besonders beliebte Körperübung. Sie ist von außerordentlich beruhigender und schlaffördernder Wirkung.

Hilfestellung zu Wärmeübung

Für manche Teilnehmer/rinnen ist die Wärmeübung besonders intensiv: Ihre Arme werden regelrecht heiß. Wenn diese Teilnehmer/rinnen nicht gerade einen Sonnenbrand haben, sorgt eine besondere Konzentration auf das Formeladjektiv "ANGEMEHM" für Abhilfe. Sollte an den Gliedmaßen ein Sonnenbrand oder eine akute Entzündung vorliegen, wird die Wärmeübung bis zur völligen Abheilung ausgesetzt.

Erinnerungsgefühle an Wärmeerlebnisse können helfen, eine tatsächliche Wärme in den Gliedmaßen zu realisieren. Die folgenden mentalen Hilfsmittel sind als Vorschläge bereits erprobt:

"Du liegst an einem angenehm warmen Sandstrand und Deine Arme und Beine werden angenehm warm durchströmt"

"Mit jedem Ausatmen fließt angenehme Wärme in Arme und Beine"

Sie können ein Waschbecken mit angenehm warmem Wasser füllen und dieses Körpererleben mental speichern

Die Verwendung der folgenden alternativen Übungsformeln sollten sie mit ihrem Kursleiter absprechen. Er kann Ihnen sagen, ob zu diesem Zeitpunkt ein Wechsel der Formel sinnvoll ist:

"BEIDE ARME UND BEIDE BEINE SIND STRÖMEND WARM"

"BEIDE ARME UND BEIDE BEINE SIND GANZ WEIT"

Bei der Wärmeübung sollten sie nicht zuletzt auf besonders bequeme Kleidung achten. Stricksocken aus Baumwolle und isolierende Schuhe sind die beste Vorsorge für ein schnelles gelingen der Wärmeübung in den unteren Gliedmaßen.

Die Herzübung

Wenn sie die Entspannung der Bewegungsmuskulatur und die Erweiterung der Blutgefäße sicher erreichen können, beginnt die Herzübung.

Sollten sie in Bezug auf ihr Herz unangenehme Vorerfahrungen irgendeiner Art haben, sprechen sie unbedingt mit ihrem Kursleiter.

Die Herzübung gehört zu den Übungen, die viel Gespür erfordern. Sie müssen gewissermaßen ihr eigenes Herz erst "entdecken". Die neue Übungsformel für die Herzübung wird wie bei den vorangegangenen Übungen verwendet und lautet:

"MEIN HERZ SCHLÄGT RUHIG UND REGELMÄßIG" (6-8X).

Ihr Herz zu entdecken ist wie gesagt nicht ganz leicht. Die älteste und einfachste Methode der Herzwahrnehmung bezieht sich darauf den Pulsschlag zu spüren. Nehmen sie ihren Puls einfach wahr, ohne ihn verändern zu wollen! Für den Erfolg der

Herzübung ist es ganz besonders wichtig, 3-mal am Tag zu üben.

Hilfestellung zur Herzübung
Sollte es ihnen mit der Unterstützung der Pulswahrnehmung nicht möglich sein, ihr Herz zu erspüren, so bietet sich eine weitere Hilfe an:
sie nehmen die im AT-Kurs erlernte Rückenlage ein und unterlegen ihren rechten Ellbogen soweit mit Kissen, dass ihre rechte Hand bequem auf ihre Herzgegend gelegt werden kann. Nach der Schwere- und Wärmeübung versuchen sie sich zu konzentrieren, ihr Herzerlebnis bewusst wahrzunehmen.
Die Verwendung der folgenden alternativen Herzformeln müssen unbedingt mit dem Kursleiter besprochen werden:

"MEINE BRUST IST/ GANZ WEIT" oder /"...STRÖMEND WARM"

Achtung: Teilnehmer/rinnen, die einen Herzschrittmacher bekommen haben, nehmen auf jeden Fall die erstgenannte Übungsformel!

Die Atemübung
Bei der Atemübung geht es nicht um eine Veränderung der Atmungsaktivität im Sinne einer bewussten Steuerung. Erfahrungsgemäß tendieren einige Teilnehmer/innen aber leicht zu bewussten Atemmanipulation. Sie lassen ihren Atem nicht los. Die Bewertung der Atmung im autogenen Training kann sehr störend auf alle Übungen einwirken. Die Konzentration auf die nun folgende Übungsformel ist eine Hilfe, ihrer ganzheitlichen Wahrnehmung entsprechend zu atmen:

"DER ATEM FLIESST RUHIG UND REGELMÄSSIG"

Sie sollten versuchen ihren Atem einfach in sich atmen lassen.

.

Hilfestellung zur Atemübung:
Teilnehmer/rinnen, die Yoga- oder Atemgymnastik praktiziert haben, sind besonders dazu geneigt, die Atmung bewusst zu verändern. Sie können selbsttätig ohne Risiko die folgende Formel ÜBERNEHMEN ODER ANHÄNGEN:
"ES ATMET MICH"

Das "ES" der Formel ist dabei die autonom funktionierende Atmung des Körpers! Hilfestellungen durch innere Bilder sind auch hier möglich:

Baumwipfel im Wind oder Wellenrhythmus am Strand

Vermeiden sollten sie zu heftige mentale Bilder wie zum Beispiel Baumwipfel und Wellen im Sturm.

Die Solarplexusübung

Genauso wie sie die Bewegungsmuskeln, das Gefäßsystem, das Herz und die Atmung entspannt haben, werden jetzt ihre Bauchorgane über das Sonnengeflecht entspannt. Wie eine kleine Sonne liegt der Solarplexus als Lebens- Nervenknoten zwischen dem Brustbein -Ende und Bauchnabel. Die verästelten Nerven verteilen sich in ihrem Bauchraum wie Wurzeln eines Baumes und übernehmen wichtige Schalt- und Steuerfunktionen wie z.B. die des Magens, des Darms, der Leber, der Bauchspeicheldrüse, der Milz, der Nieren usw. Die am meisten gebrauchte Übungs-

formel zur Entspannung des Sonnenge-
flechts lautet:

**"SONNENGEFLECHT STRÖMEND
WARM"**

Körperempfindungen in der Region um das
Sonnengeflecht sind am besten vor
und/oder nach Mahlzeiten spürbar. Der
Magen knurrt vor Hunger oder er ist
"schwer" nach ausgiebiger Mahlzeit. Erinnerungen derartiger Wahrnehmungserleb-
nisse sind nützlich, sich an das Sonnengeflecht *heranzuspüren.*

Hilfestellung zur Solarplexusübung

Teilnehmer/rinnen mit vorübergehenden
(leichten) Magen-Darm-Verstimmungen gelingt die Sonnengeflechtübung wegen der
bekannten Körperwahrnehmung besonders
leicht.

Bei Teilnehmer/rinnen mit psychosomatischen Störungen ist dies anders. Zum
Beispiel können Magenbeschwerden dann
eine bestimmte "Funktion" haben:

Eine ehemalige Kursteilnehmerin Frau K. berichtet folgendes:

Mein Mann und ich betreiben ein kleines Familienunternehmen, in dem *schon mal öfter etwas Stress anfällt*. Die Arbeit habe *man* bis auf einige Ausnahmen immer *irgendwie* geschafft.
Im letzten Monat sei ihr Sohn ausgezogen um zu studieren. Seit einiger Zeit weiß sie, dass ihr Sohn alleine schlecht klar kommt - so alleine in der fremden Stadt mit Unistress. Sie habe auf Wunsch ihres Sohnes ihrem Mann nichts davon erzählt, mache sich aber *zwischendurch* große Sorgen.
Wenn in der Firma so richtig was los ist und dann noch ein Anruf ihres Sohnes kommt, setzten bei ihr einige Stunden später Magenschmerzen ein. Ihr Mann reagiere auf ihre Magenbeschwerden zwar etwas hilflos aber trotzdem erstaunlich liebevoll und entlastet sie in der Firma.
Für Frau K. bekommen die Magenschmerzen eine neue wichtige Funktion: Sie bringen ihr Arbeitsentlastung und nicht zuletzt liebevolles Verständnis (Krankheitsgewinn). Das *Frau für sich* mehr Zeit einfordert und ihre Rolle als Frau vertreten

lernt, ist in diesem Beispiel (vermeintlich) - nicht (mehr) nötig.

Ohne in die Geschichte von Frau K. zu tief einzudringen lässt sich festhalten, dass es auch trotz AT-Kurs unvermeidlich ist, die eigenen Forderungen und Belastungsgrenzen zu erkennen und zu beachten. Die anfängliche Stressbelastung von Frau K. glich einer typischen Alarmreaktion s.o. und betraf ihr schwächstes Organ, es „schlug„ ihr auf den Magen. Frau K. fasste schließlich den Mut, offen mit ihrer Familie über ihre Belastungen, der Firma und dem Sohn gerecht zu werden, zu sprechen. Ihre Fähigkeit, die persönlichen Belastungsgrenzen rechtzeitig zu erkennen, wurde mit der Zeit gesteigert und vom Erfolg ihrer AT-Übungen unterstützt.

Bei der Sonnengeflechtübung kommen erfahrungsgemäß viele Teilnehmer/rinnen mit der erstgenannten Formel zurecht. In Ausnahmefällen bietet sich die folgende Alternative:

"DER BAUCH IST GANZ WEIT"

Bei Darmstörungen (Obstipationen) ohne organische Ursache hat sich eine andere Übungsformel gut bewährt:

"SONNENGEFLECHT STRÖMEND WARM, UND REGELMÄSSIG FUNKTIO-NIERT MEIN DARM"

Als mentale Vorstellungseinstimmung der Sonnengeflechtübung empfehlen sich:

- **Ich habe eine kleine Sonne im Bauch**
- **Eine Wärmflasche auf meinem Bauch**

Die Schulter-Nackenübung
Die vorletzte Übung zum autogenen Training ist die Entspannung der Schulter-Nacken-Region.
Der Körperausdruck der Schulter-Nacken-Region entspricht der "inneren psychischen Haltung" der betreffenden Person.
Von Menschen mit depressiven Störungen sagt man, *Der Mensch ist "geknickt".* Menschen, die große Anstrengungen auf sich nehmen, *sitzt die Aufgabe im Nacken.* Viele wünschen ihm dann den *Nacken steif zu halten,* sich dem Widerstand der Aufgabe also nicht zu beugen usw..

Geübt wird die Schulter-Nacken-Entspannung mit der Formel:

"SCHULTER UND NACKEN WEICH UND WARM"

Wer sich zu viele *Aufgaben auf seine breite Schulter packen lässt*, ist meistens im Schulter-Nacken-Bereich besonders verspannt. Die Muskeln sind fühlbar hart.
Autogenes Training kann auch hier die Verantwortung und Achtsamkeit für die eigene Person nicht ersetzen.
Bei stark verspannter Schulter-Nacken-Region kann die Zu- und Rückführung von Zellnährstoffen nicht gewährleistet werden. Die Gefäße sind durch die Verspannung regelrecht abgeschnürt. Die Körperzellen verbrennen die vorhandenen Nährstoffe, können aber nicht *neu* versorgt werden. Außerdem wirken die in der Zelle verbleibenden Verbrennungsrückstände quasi vergiftend. Eine optimale Funktion der Muskulatur ist somit unmöglich. Durch Verspannung und schlechte Versorgung der Schulter-Nacken-Region entstehen dann Schmerzzustände, die sich als Spannungskopfschmerz bemerkbar machen.

Einige Teilnehmer/rinnen sind immer ganz verblüfft, wenn im AT-Kurs - trotz richtiger Übungshaltung - leichte S-N-Schmerzen auftauchen. Sie wissen oft nicht, dass sie mit dem Verb "auftauchen" ein regelrechtes AUFTAUCHEN latenter, also schon unterbewusst vorhandener Schmerzzustände (richtig) beschreiben. Viele Schmerzzustände tauchen wie wir alle wissen erst am Abend nach der Arbeit auf, wenn Ruhe einkehrt weil das körpereigene Kortisol absinkt. Autogenes Training macht folglich latente Schmerzzustände durch erhöhte Körpersensibilität erst bewusst. Diese Schmerzen lassen sich aber rasch durch gezielte AT-Übungen beseitigen.

Hilfestellung zur Schulterübung
Eine Hilfestellung, sich gut in den Schulter-Nacken-Bereich einzuspüren, ist die leichte und vorsichtige Massage. Kleine Massage-übungen oder eine entsprechende Schultergymnastik werde ich im Kurs vorstellen. Der Schwerpunkt der Entspannung bezieht sich dabei auf den musculus trapezius, den Schulterheber.

Eine selbst verwendbare Formelalternative zur S-N-Entspannung lautet:

"SCHULTER UND NACKEN LOCKER UND LEICHT"

Körperempfindungen aus der Schulter-Nackenmassage oder entsprechenden Gymnastikübungen sind gute Vorstellungshilfen: *Du stellst dir vor, dass du gerade eine angenehme Massage erlebst.*

Die Stirnübung
Vielleicht kennen sie die wohltuende Wirkung, wenn eine kalte Kompresse auf ihre Stirn gelegt wird? In einem warmen Wannenbad ist die Wirkung noch deutlicher.

Ein kühlen Kopf zu bewahren ist dem Volksmund nach eine notwendige Voraussetzung für konzentrierte Denkleistungen. Durch die Stirnübung des autogenen Trainings lässt sich durch Gefäßtraining eine Stirnkühle erreichen. Im Gegensatz zur Wärmeübung wird eine Engstellung der Gefäße angestrebt.

Die neue Formel heißt:

"STIRN ANGENEHM KÜHL"

Die Stirnübung des autogenen Trainings ist nach neusten Untersuchungen - neben einer allgemeinen Steigerung der Hirnfunktionen - bei Migräne einsetzbar. Die bei der Migräne passiv überdehnten Blutgefäße werden durch die Einstellung auf angenehme Kühle verengt. Der Schmerz lässt langsam nach, die Gehirnfunktion steigert sich.

Achtung: Auch Migräne <u>kann</u> als Signal für *unangemessenes Verhalten in bestimmten Situationen* verstanden werden!

Hilfestellung zur Stirnübung

Als gute Vorübung der Stirnkühle lässt sich der **Stirnguss nach KNEIPP** (mit Leitungswasser) verwenden. Eine solche Vorübung hilft ihnen natürlich nur dann, wenn sie diese sehr spezielle Empfindung gut abspeichern, um sie sich in der anschließenden AT-Übung lebhaft vorstellen zu können. Zur o. g. Übungsformel gibt es eine Hilfsformel, die sie selbst ausprobieren können:

"DER KOPF IST KLAR UND FRISCH"

Als gute Vorstellungsübung können sie wieder einige Urlaubserfahrungen nutzen:

"Du liegst an einem angenehm warmen Sandstrand und ein angenehm kühler Windhauch erfrischt deine Stirn"

Schlussbetrachtung und Ausblick

Am Ende dieses Heftes möchte ich nicht vergessen, nochmals die Art und Weise, wie sie autogenes Training als Angebot für sich wahrnehmen und ausbauen wollen, einzugehen.

Grundsätzlich sind die Kursgebühren zum autogenen Training nur dann gut angelegt, wenn sie sich möglichst offen auf das AT-Angebot einlassen können. Insbesondere skeptischen Teilnehmer/rinnen, bitte ich dabei um eine *Portion Vertrauensvorschuss*.

Autogenes Training erfordert anspruchs-volle und sensible Vorstellungs- und

Einfühlungsarbeit für Organsysteme, die wir im Laufe der Zeit verlernt haben. Sie ist durch autogenes Training gut erlernbar, beansprucht aber im Gedächtnis ein bestimmtes Volumen an Speicherplatz". Wenn sie ihren Gedächtnis(arbeits)speicher mit einer Übungsformel speisen und zusätzlich zweifelnde Gedanken mit hineingeben, ist der Speicher von der Kapazität her meist überlastet. Es entsteht ein Duell zwischen Übungsformel und Kontrollgedanken.

Eine ähnliches Phänomen findet in Prüfungen statt: Die konzentrierte Beantwortung der Prüfungsfragen und die gleichzeitig aufziehenden Gedanken über Prüfungsversagen sind eine Speicherüberlastung und versperren den Weg zum Erfolg.

Es ist jetzt vielleicht nach diesem Beispiel einsichtig, wie wichtig es ist, dass sie zumindest einen kleinen "Kredit" an Vertrauen für das sensible Gelingen der AT-Übung mitbringen.

Ein anderer Aspekt das AT-Angebot wahrzunehmen, liegt in der Tiefe der Nutzung.

Die Entspannungsübung beginnt bekanntlich mit ganz spezifischen Teilen der

Muskulatur und steigert sich in 8 Wochen langsam über den ganzen Körper. Die ganzheitliche Entspannung ist jedoch mehr, als die Summe der Einzelübungen. Sie kann ihre ganze *Einstellung zur eigenen Lebensweise* stark verändern und bereichern. Beachtung und Einhaltung der eigenen Belastungsgrenzen sind in diesem Zusammenhang nur ein Aspekt. Das AT kann sehr tief ausgeweitet werden.
Auf der Grundlage der Standardübungen kann ein Oberstufenkurs zum autogenen Training aufgebaut werden. Durch geleitetes Bilderleben und geleitete Phantasiereisen, wie sie z.B. im *katathymen Bilderleben* praktiziert werden, können eigene Wahrnehmungs- und Erlebnisbereiche, Vorsatzbildung aber auch mehr Selbstbestimmung ermöglicht werden.

Viel Freude beim Üben

Ihr Heinrich Obberg

Anhang 1

Notizen für meine eigenes Stressmodell		
Situation	Kognition	Reaktion

Konsequenzen C

Literaturhinweise

Gesundheit durch Autogenes Training
Gisela Eberlein, Econ Verlag 1973
(gut verständlich).

Handbuch des AT
Bernt Hoffmann, 1977, DTV,
(mittelschwer, aber sehr gut).

Autogenes Training
Rolf Faller, 1981, Natur und Medizin (wie Pkt. 1.).

Autogenes Training (Überleben im Stress)
Lindemann, 1971, Bertelsmann
(etwas marktorientiert).

Hypnose und Autosuggestion
Gerhard Leibhold, Falkenverlag/Natur und Medizin
(lesenswert).

Das autogene Training
Schultz, 1973, Thieme Stuttgart.
(sehr wissenschaftlich.)

The Physiology and Pathology of Exposure to STRESS, ACTA. INC. Medical Publishers, 1950

Richard S. Lazarus: Stress and Emotion. A new Synthesis. Free Association Books, London 1999, ISBN 1-85343-456-6 (Nachdruck)

Die Strategie der Stehauf-Menschen, Monika Gruhl 2011, Kreuz Verlag,
(streift das Thema)

Autogenes Training, Dr. med. Delia Grasberger, GU-Verlag,
(leicht lesbar)

Salutogenese, Aaron Antonovsky, Deutsche Herausgabe von Alexa Franke,

Grundwissen zur Einübung

DGVT Verlag Forum 36
(wissenschaftlich fundiert/ Grundlagenliteratur)

ISBN 9783743192935

UPE 9,99 €